AF219244

Impressum
Verlag: BABADADA GmbH, Nedderfeld 112 , 22529 Hamburg
Geschäftsführer / Verlagsleitung: Harald Hof
Druck: Books on Demand GmbH, In de Tarpen 42, 22848 Norderstedt

Imprint
Publisher: BABADADA GmbH, Nedderfeld 112 , 22529 Hamburg, Germany
Managing Director / Publishing direction: Harald Hof
Print: Books on Demand GmbH, In de Tarpen 42, 22848 Norderstedt, Germany

de School

škola

de Klassenstuuv
trieda

delen
deliť

186/2

de Tafel
tabuľa

de Schoolhoff
školský dvor

de Schoolmeester
učiteľ

dat Papeer
papier

schrieven
písať

de Sticken
pero

de Schrievdisch
písací stôl

dat Lienholt
pravítko

dat Book
kniha

de Schöler
žiak

de Ranzel

školská taška

de Feddermapp

peračník

de Bleesticken

ceruza

de Scharpmaker

strúhadlo na ceruzky

dat Radeergummi

guma

de Tekenblock

skicár

de Teken

kresba

de Pinsel

štetec

de Malkassen

vodové farby

de Scheer

nožnice

de Klever

lepidlo

dat Heft to'n Öven

cvičný zošit

de Huusopgaav

domáca úloha

de Tall

číslo

tohooptellen

sčítať

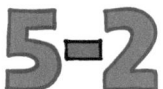

aftrecken

odčítať

malnehmen

násobiť

reken

počítať

de Bookstaav

písmeno

dat ABC

abeceda

dat Woort

slovo

de Text

text

lesen

čítať

de Kried

krieda

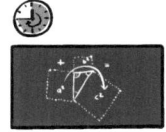

de Stunn

hodina

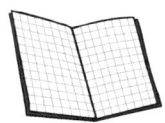

dat Klassenbook

triedna kniha

de Pröven

skúška

dat Tüügnis

certifikát

de Schooluniform

školská uniforma

de Utbillen

vzdelanie

dat Nakieksel

encyklopédia

de Universität

univerzita

dat Mikroskop

mikroskop

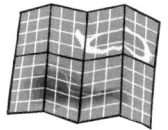

de Koort

mapa

de Papeerkorf

kôš na papier

de Törn

cesta

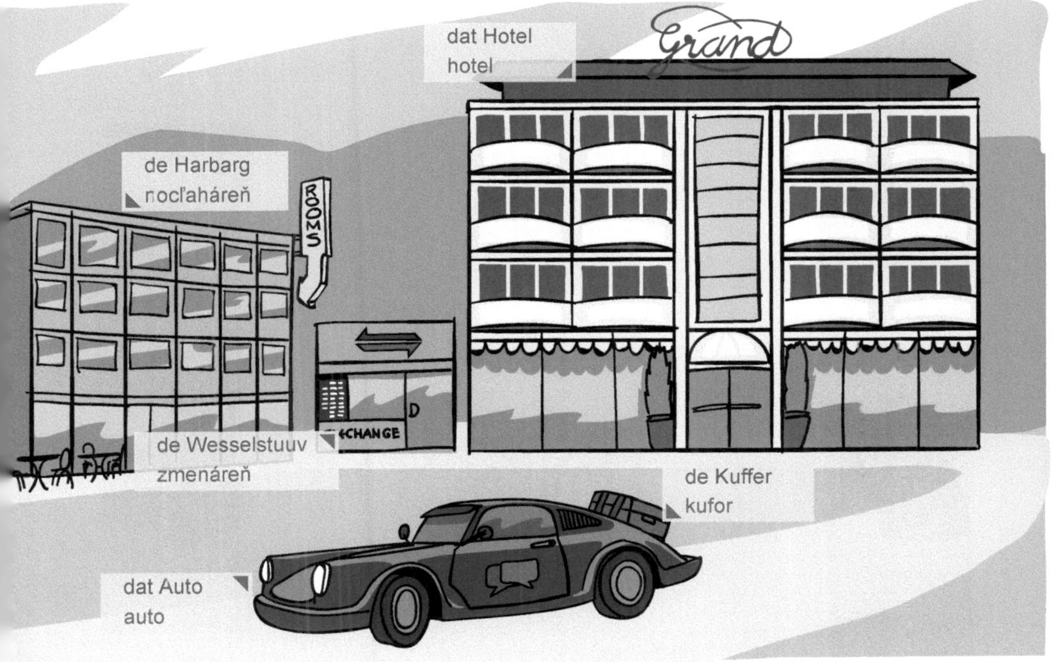
dat Hotel
hotel
Grand
de Harbarg
nocľaháreň
ROOMS
de Wesselstuuv
zmenáreň
EXCHANGE
de Kuffer
kufor
dat Auto
auto

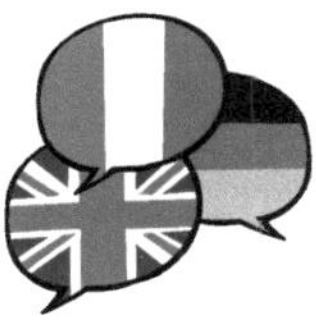

de Spraak

jazyk

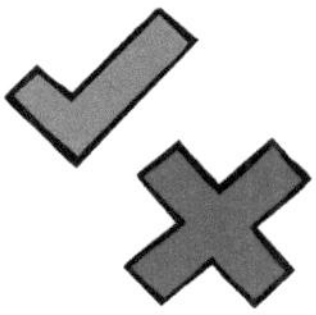

jo / ne

áno/nie

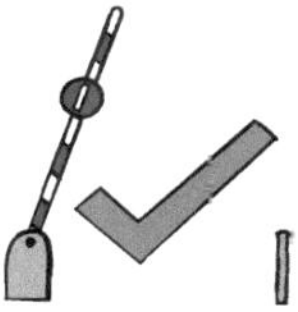

Jo

v poriadku

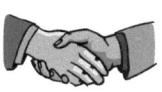

Moin

ahoj

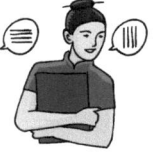

de Översetter

prekladateľ

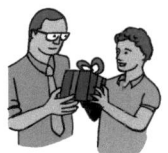

Dank ok

ďakujem

Wat kost...?

Koľko stojí ... ?

Ik verstah nich

Nerozumiem

dat Problem

problém

Goden Avend

Dobrý večer!

Moin!

Dobré ráno!

Gode Nacht!

Dobrú noc!

Tschüüs

Dovidenia

de Richt

smer

de Bagaasch

batožina

de Tasch

taška

de Rüchsack

batoh

de Gast

hosť

de Stuuv

izba

de Slaapsack

spacák

dat Telt

stan

	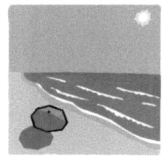	
de Touristeninformatschoon	de Strand	de Kreditkoot
informácie pre turistov	pláž	kreditná karta

dat Fröhstück	dat Meddageten	dat Avendeten
raňajky	obed	večera

de Fohrkort	de Fohrstohl	de Breefmark
cestovný lístok	výťah	poštová známka

de Grenz	de Toll	de Bottschop
hranica	clo	veľvyslanectvo

dat Visum	de Pass	
vízum	cestovný pas	

de Transport
doprava

dat Schipp
loď

de Fleger
lietadlo

dat Füerwehrauto
požiarnické auto

de Autobus
autobus

dat Lastwagen
nákladné auto

dat Motoorboot
motorový čln

dat Auto
auto

dat Fohrrad
bicykel

de Fähr

trajekt

dat Boot

loď

dat Motoorrad

motorka

dat Polizeiauto

policajné auto

dat Rönnauto

pretekárske auto

de Lehnwagen

vozidlo z požičovne

8   de Transport - doprava

dat Carsharing

carsharing

de Afsleepwagen

odťahové auto

dat Müllauto

smetiarske auto

de Motoor

motor

de Kraftstoff

benzín

de Tanksteed

čerpacia stanica

dat Verkehrsschild

dopravná značka

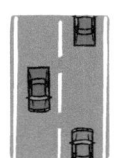

de Verkehr

premávka

de Stau

zápcha

de Afstellplatz

parkovisko

de Bahnhoff

vlaková stanica

de Sporen

traťe

de Tog

vlak

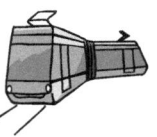

de Stratenbahn

električka

de Wagon

vagón

de Dwarsmöhl

helikoptéra

de Flooghaven

letisko

de Tower

veža

de Fohrgast

pasažier

de Grootkist

kontajner

de Karton

kartón

de Koor

vozík

de Korf

kôš

starten / lannen

štartovať / pristáť

de Stadt

mesto

dat Dörp

dedina

de Binnenstadt

centrum mesta

dat Huus

dom

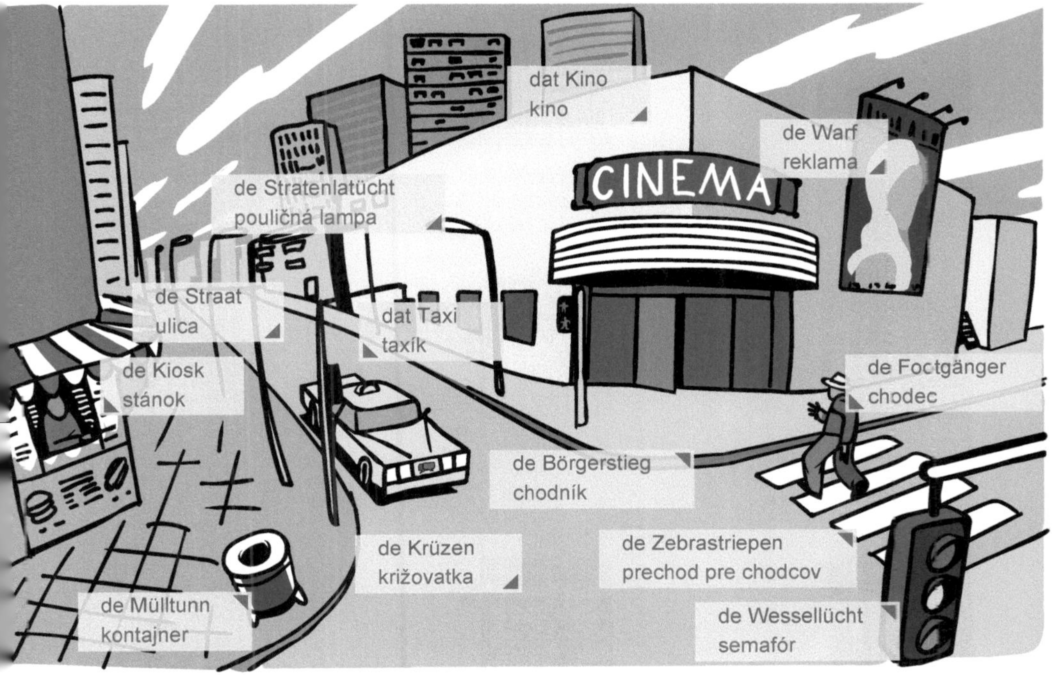

dat Kino
kino

de Warf
reklama

de Stratenlatücht
pouličná lampa

de Straat
ulica

dat Taxi
taxík

de Kiosk
stánok

de Foctgänger
chodec

de Börgerstieg
chodník

de Krüzen
križovatka

de Zebrastriepen
prechod pre chodcov

de Mülltunn
kontajner

de Wessellücht
semafór

de Hütt
chata

de Wahnung
byt

de Bahnhoff
vlaková stanica

dat Raathuus
radnica

dat Museum
múzeum

de School
škola

de Stadt - mesto

11

de Universität

univerzita

de Bank

banka

dat Krankenhuus

nemocnica

dat Hotel

hotel

de Afteek

lekáreň

dat Büro

kancelária

de Bookhökerie

kníhkupectvo

de Hökerie

obchod

de Blomenhökerie

kvetinárstvo

de Supermarkt

supermarket

de Markt

trh

dat Koophuus

obchodný dom

de Fischhökerie

obchodník s rybami

dat Inkoopszentrum

nákupné stredisko

de Haven

prístav

12   de Stadt - mesto

de Parkanlaag

park

de Bank

lavička

de Brüch

most

de Trepp

schody

de Ünnergrundbahn

metro

de Tunnel

tunel

de Busstoppsteed

autobusová zastávka

de Bar

bar

dat Spieslokal

reštaurácia

de Breefkassen

poštová schránka

dat Stratenschild

tabuľa s názvom ulice

de Parkklock

parkovacie hodiny

de Deertenpark

ZOO

de Baadanstalt

plaváreň

de Moschee

mešita

de Buernhoff

farma

de Ümweltversmudden

znečisťovanie životného prostredia

de Karkhoff

cintorín

de Kark

kostol

de Speelplatz

ihrisko

de Tempel

chrám

de Landschop
terén

dat Blatt
list

de Wiespahl
smerová tabuľa

de Weg
cesta

de Wisch
lúka

de Steen
kameň

de Wannerer
turista

de Boom
strom

de Fluss
rieka

dat Gras
tráva

de Bloom
kvet

dat Daal

dolina

de Barg

kopec

de See

jazero

dat Holt

les

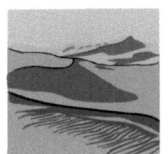

de Wööst

púšť

de Füerspien Barg

vulkán

dat Slott

zámok

de Regenbagen

dúha

de Poggenstohl

hríb

de Palm

palma

de Steekmück

komár

de Fleeg

mucha

de Miegeemk

mravec

de Imm

včela

de Spinn

pavúk

de Landschop - terén

de Sebber

chrobák

de Pogg

žaba

de Katteker

veverička

de Swienegel

jež

de Haas

zajac

de Uul

sova

de Vagel

vták

de Swaan

labuť

dat Wildswien

diviak

de Hirsch

jeleň

de Elk

los

de Staudamm

hrádza

dat Windrad

veterná turbína

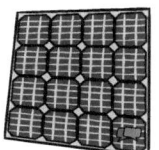

dat Solarmodul

solárny panel

dat Klima

podnebie

dat Spieslokal
reštaurácia

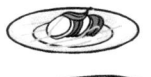

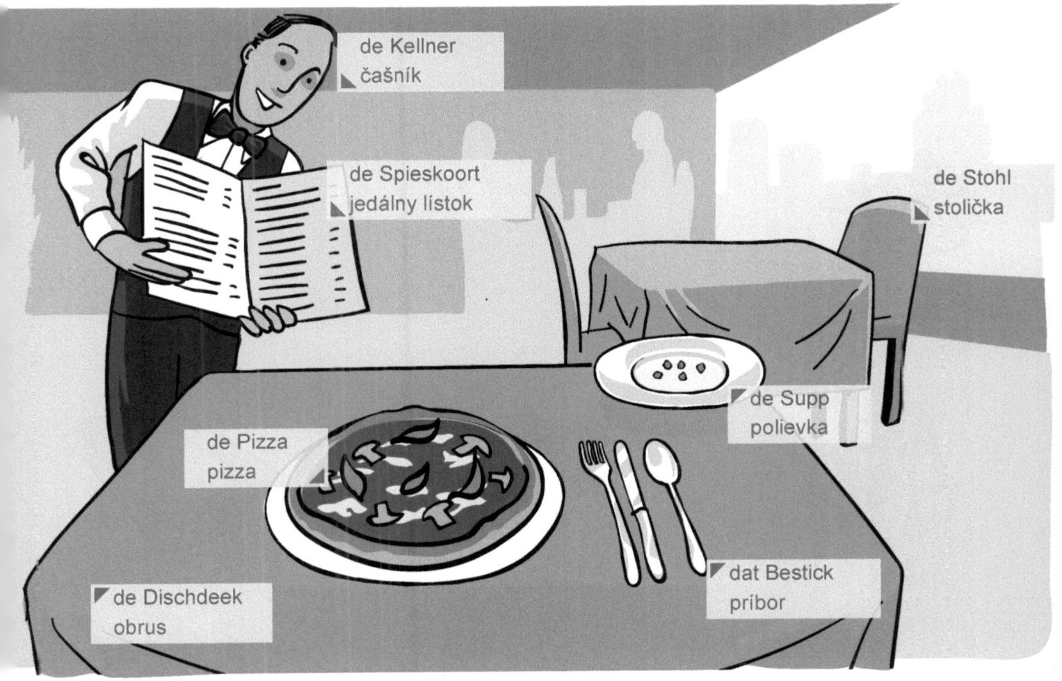
de Kellner
čašník
de Spieskoort
jedálny lístok
de Stohl
stolička
de Supp
polievka
de Pizza
pizza
dat Bestick
príbor
de Dischdeek
obrus

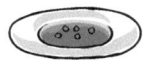

de Vörspies
predjedlo

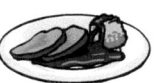

dat Haupteten
hlavné jedlo

de Nadisch
zákusok

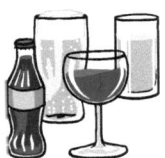

de Drünk
nápoje

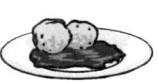

dat Eten
jedlo

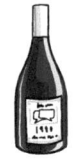

de Buddel
fľaša

dat Fastfood

fast-food

dat Strateneten

street food

de Teekann

kanvica na čaj

de Zuckerdoos

cukornička

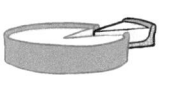

de Portschoon

porcia

de Espressomaschien

stroj na espresso

de Hoochstohl

detská stolička

de Reken

účet

dat Tablett

podnos

dat Mess

nôž

de Gavel

vidlička

de Lepel

lyžica

de Teelepel

čajová lyžička

dat Munddook

obrúsok

dat Glas

pohár

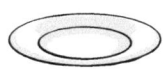

de Töller

tanier

de Suppentöller

hlboký tanier

de Ünnertass

podšálka

de Sooß

omáčka

de Soltstreuer

soľnička

de Pepermöhl

mlynček na korenie

de Etig

ocot

dat Ööl

olej

de Krüder

korenie

de Ketchup

kečup

de Mostrich

horčica

de Mayonnaise

majonéza

de Supermarkt
supermarket

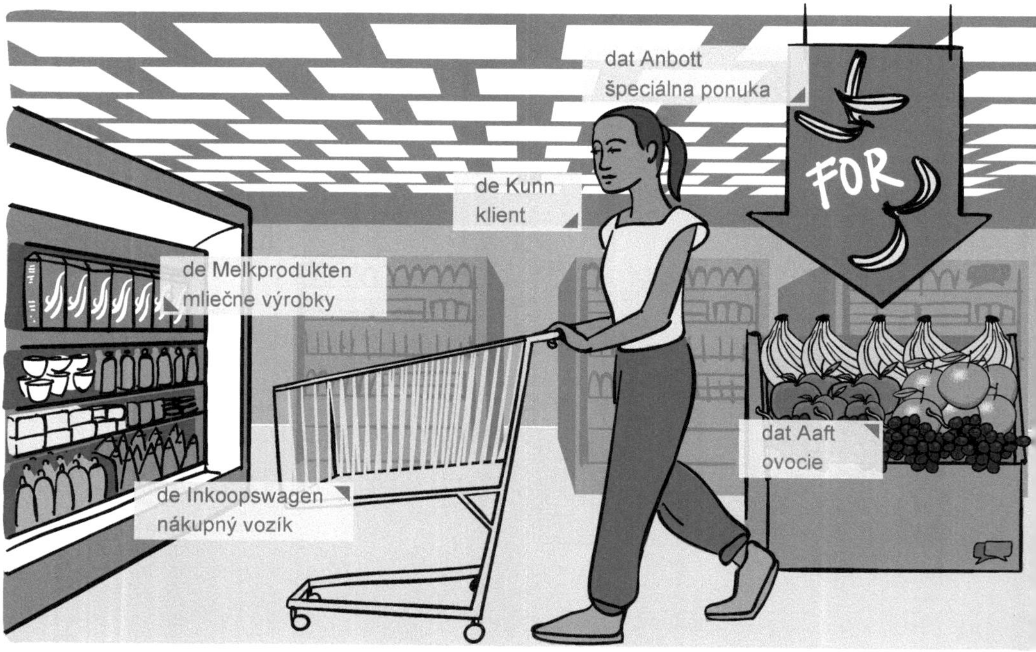

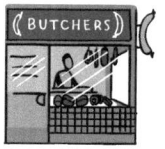

dat Anbott
špeciálna ponuka
FOR
de Kunn
klient
de Melkprodukten
mliečne výrobky
dat Aaft
ovocie
de Inkoopswagen
nákupný vozík

BUTCHERS

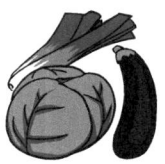

de Slachterie

mäsiarstvo

BAKERY

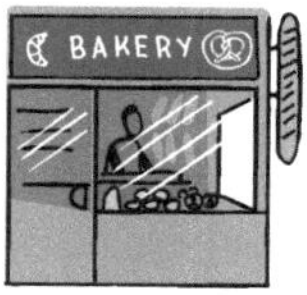

de Bäckerie

pekáreň

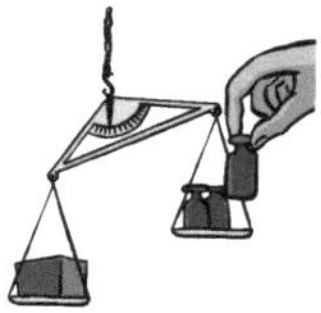

wegen

vážiť

de Gröönsaken

zelenina

dat Fleesch

mäso

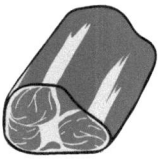

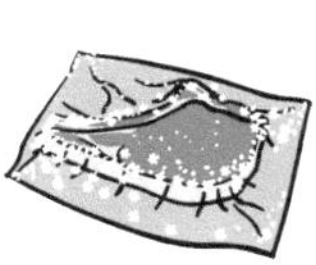

de Deepköhlkost

mrazené potraviny

de Opsnitt

nárez

de Konserven

konzervy

de Waschmiddel

prací prostriedok

de Snoopkraam

sladkosti

de Huushooltssaken

domáce potreby

de Reinmaaktüch

čistiace prostriedky

de Verköpersche

predavačka

de Kass

pokladňa

de Kasserer

pokladník

de Inkoopslist

nákupný zoznam

de Opsparrtieden

otváracie hodiny

de Breeftasch

peňaženka

de Kreditkoort

kreditná karta

de Tasch

taška

de Plastiktüüt

plastové vrecko

dat Water

voda

de Saft

džús

de Melk

mlieko

de Cola

kola

de Wien

víno

dat Beer

pivo

de Spriet

alkohol

de Kakao

kakao

de Tee

čaj

de Koffie

káva

de Espresso

espresso

de Cappucino

kapučíno

de Banaan

banán

de Appel

jablko

de Appelsien

pomaranč

de Meloon

melón

de Zitroon

citrón

de Wöttel

mrkva

de Knuuvlook

cesnak

de Bambus

bambus

de Zibbel

cibuľa

de Poggenstohl

hríb

de Nööt

orechy

de Nudeln

rezance

de Spaghetti

špagety

de Ries

ryža

de Salat

šalát

de Pommes frites

hranolky

de Braadkantüffeln

pečené zemiaky

de Pizza

pizza

de Hamborger

hamburger

dat Sandwich

obložený chlebík

dat Snitzel

rezeň

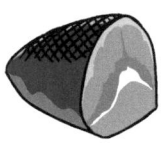

de Schinken

šunka

de Salami

saláma

de Wust

klobása

dat Hohn

kurča

de Braden

pečené mäso

de Fisch

ryba

dat Eten - jedlo

de Haverflocken

ovsené vločky

dat Müsli

müsli

de Cornflakes

kukuričné lupienky

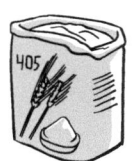

dat Mehl

múka

de Croissant

croissant

dat Rundstück

pečivo

dat Broot

chlieb

dat Toast

hrianka

de Keksen

sušienky

de Botter

maslo

de Quark

tvaroh

de Koken

koláč

dat Ei

vajce

dat Spegelei

volské oko

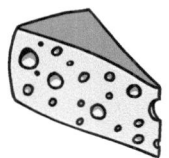

de Kees

syr

de Ies

zmrzlina

de Zucker

cukor

de Honnig

med

de Marmelaad

lekvár

de Nougat-Creme

nugátová nátierka

dat Curry

karí korenie

dat Eten - jedlo

de Buernhoff

farma

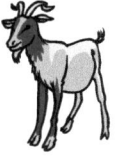

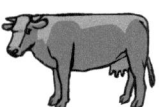

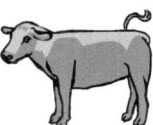

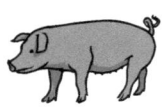

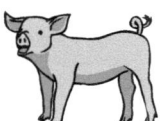

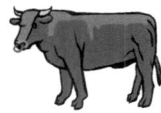

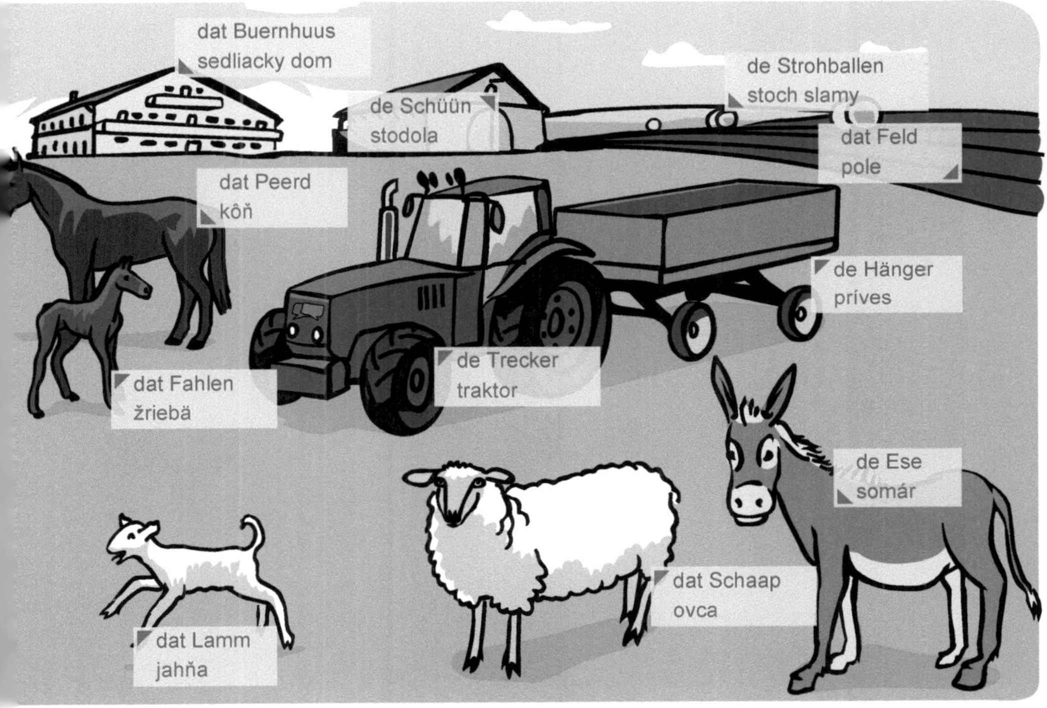
dat Buernhuus
sedliacky dom
de Schüün
stodola
de Strohballen
stoch slamy
dat Feld
pole
dat Peerd
kôň
de Hänger
príves
de Trecker
traktor
dat Fahlen
žriebä
de Ese
somár
dat Schaap
ovca
dat Lamm
jahňa

de Zeeg

koza

de Koh

krava

dat Kalf

teľa

dat Swien

prasa

dat Farken

prasiatko

de Bull

býk

de Goos

hus

de Aant

kačica

dat Küken

kuriatko

dat Hohn

sliepka

de Hahn

kohút

de Rott

potkan

de Katt

mačka

de Muus

myš

de Oss

vôl

de Hund

pes

de Hunnenhütt

psia búda

de Goornslauch

záhradná hadica

de Geetkann

krhla

de Lee

kosa

de Ploog

pluh

de Sich

kosák

de Hack

motyka

de Mestfork

vidly na hnoj

de Ext

sekera

de Schuufkoor

fúrik

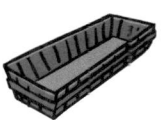

de Trog

koryto

de Melkkann

kanva na mlieko

de Sack

vrece

de Tuun

plot

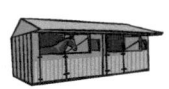

de Stall

maštaľ

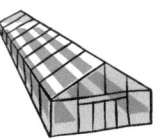

dat Drievhuus

skleník

de Bodder

pôda

de Saat

osivo

de Dünger

hnojivo

de Meihdöscher

kombajn

oornen

žať

de Oorn

žatva

de Yamswöttel

batát

de Weten

pšenica

dat Soja

sója

de Kantüffel

zemiak

de Törksche Weten

kukurica

de Rapp

repka

de Aaftboom

ovocný strom

de Troopsch Kantüffel

maniok

dat Koorn

obilie

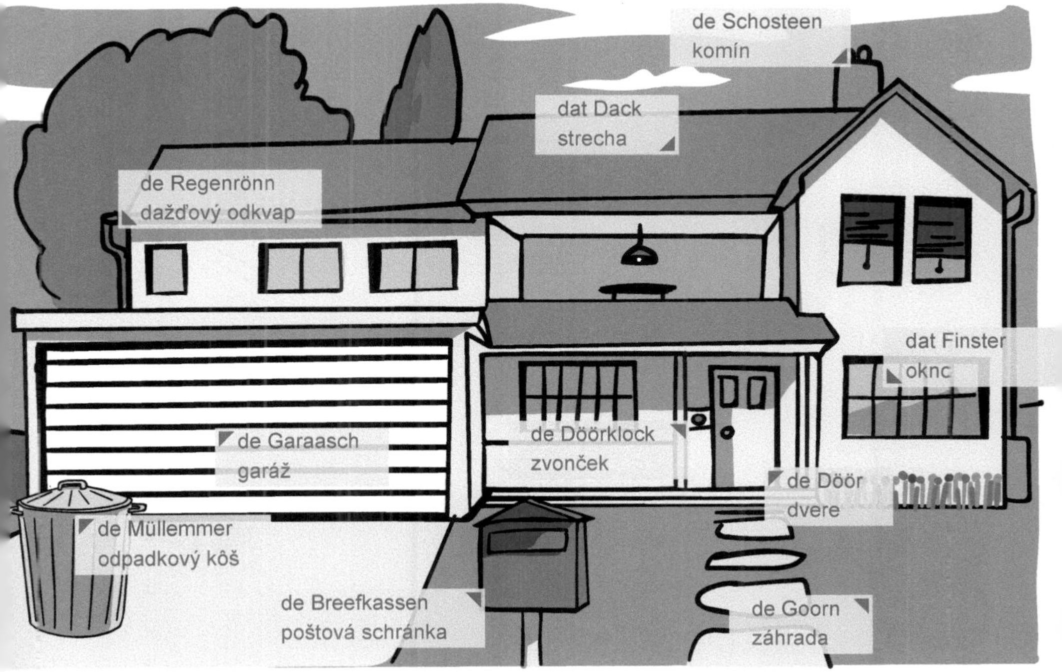

de Schosteen
komín

dat Dack
strecha

de Regenrönn
dažďový odkvap

dat Finster
oknc

de Garaasch
garáž

de Döörklock
zvonček

de Döör
dvere

de Müllemmer
odpadkový kôš

de Breefkassen
poštová schránka

de Goorn
záhrada

de Wahnstuuv

obývačka

de Baadstuuv

kúpeľňa

de Köök

kuchyňa

de Slaapstuuv

spálňa

de Kinnerstuuv

detská izba

de Eetstuuv

jedáleň

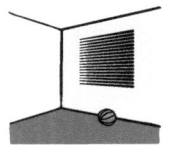

de Footbodden

podlaha

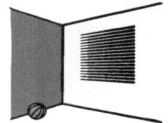

de Wand

stena

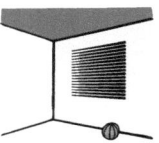

de Deek

strop

de Keller

pivnica

dat Hittluftbad

sauna

de Balkon

balkón

de Terrass

terasa

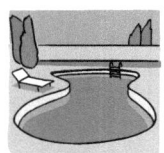

dat Swümmbad

bazén

de Rasenmeiher

kosačka

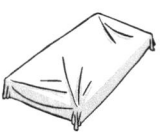

de Bettbetog

obliečka

de Bettdeek

posteľná prikrývka

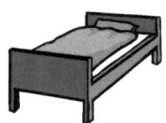

de Puuch

posteľ

de Bessen

metla

de Emmer

vedro

de Schalter

vypínač

de Wahnstuuv

obývačka

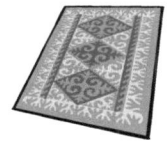

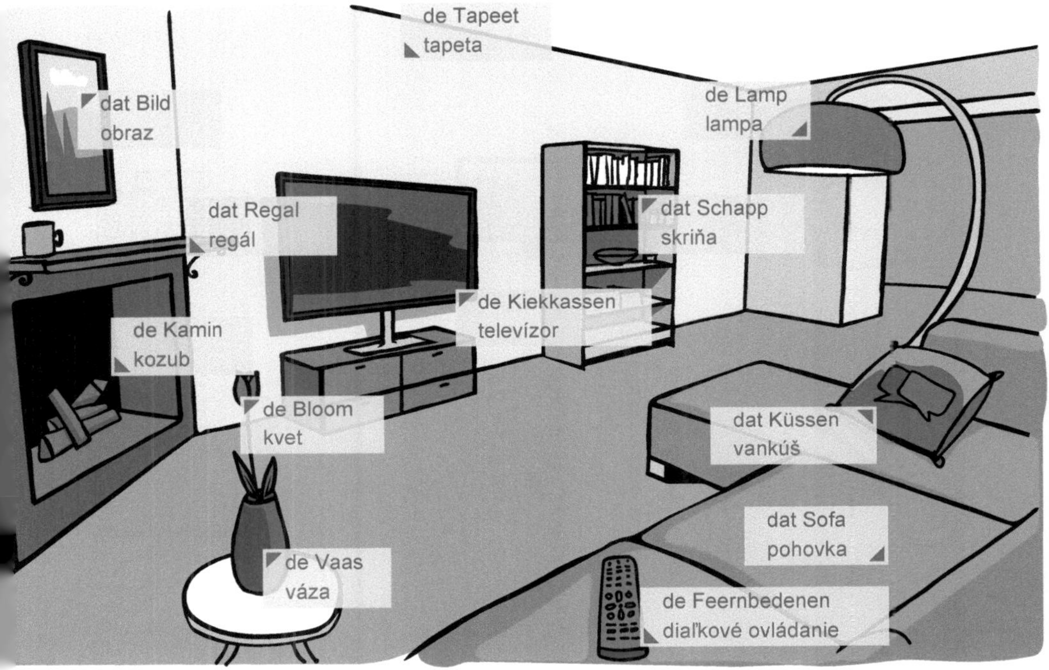

de Tapeet
tapeta
dat Bild
obraz
de Lamp
lampa
dat Regal
regál
dat Schapp
skriňa
de Kiekkassen
televízor
de Kamin
kozub
de Bloom
kvet
dat Küssen
vankúš
dat Sofa
pohovka
de Vaas
váza
de Feernbedenen
diaľkové ovládanie

de Teppich

koberec

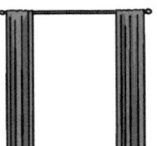

de Vörhang

záclona

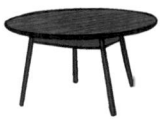

de Disch

stôl

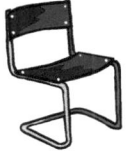

de Stohl

stolička

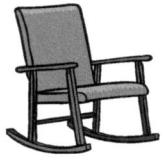

de Schuckelstohl

hojdacie kreslo

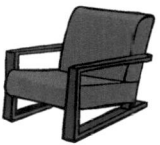

de Sessel

kreslo

dat Book	de Deek	de Dekoratschoon
kniha	prikrývka	dekorácia

dat Füerholt	de Film	de Stereoanlaag
drevo na kúrenie	film	hi-fi veža

de Slötel	dat Narichtenblatt	dat Gemälde
kľúč	noviny	maľba

dat Poster	dat Radio	de Opschrievblock
plagát	rádio	zápisník

de Huulbessen	de Kaktus	de Kars
vysávač	kaktus	sviečka

de Köök
kuchyňa

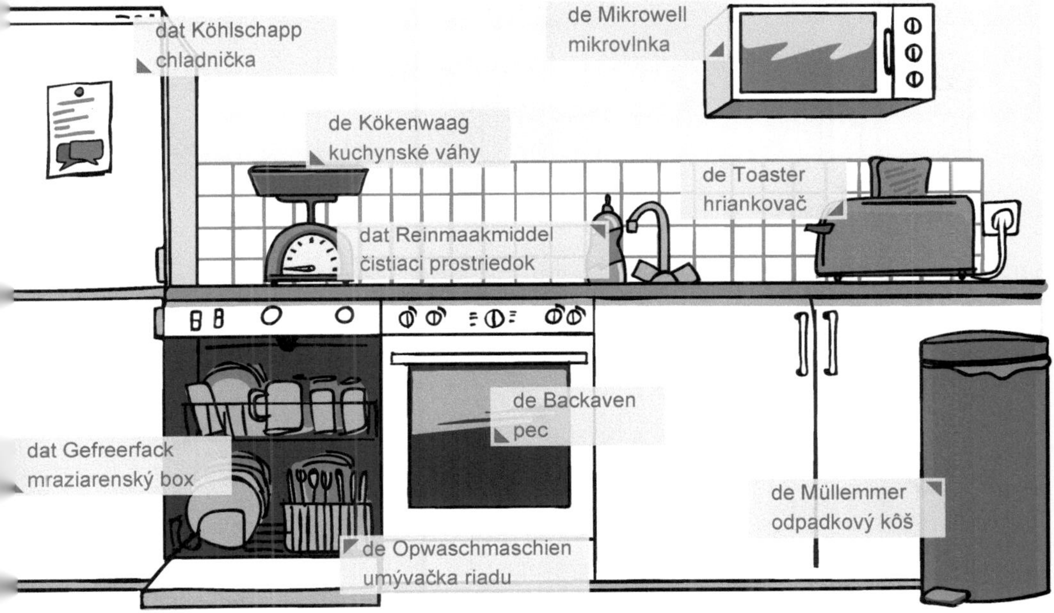
dat Köhlschapp
chladnička
de Mikrowell
mikrovlnka
de Kökenwaag
kuchynské váhy
de Toaster
hriankovač
dat Reinmaakmiddel
čistiaci prostriedok
de Backaven
pec
dat Gefreerfack
mraziarenský box
de Müllemmer
odpadkový kôš
de Opwaschmaschien
umývačka riadu

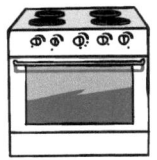

de Heerd

sporák

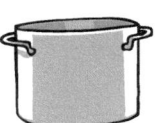

de Pott

hrniec

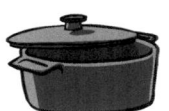

de Gussiesern Putt

železný hrniec

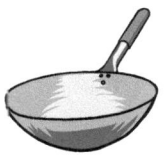

de Wok / Kadai

wok / kadai

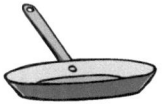

de Pann

panvica

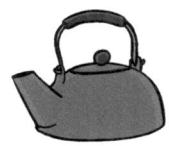

de Waterkaker

rýchlovarná kanvica

de Dampkaakputt

parný hrniec

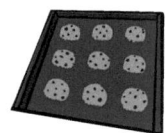

dat Backblick

plech na pečenie

dat Geschirr

riad

de Beker

pohár

de Schaal

misa

de Eetsticken

paličky

de Suppenkell

naberačka na polievku

de Pannenwenner

stierka

de Sneebessen

metlička

dat Kaakseef

cedidlo

dat Seef

sitko

de Riev

strúhadlo

de Mörser

mažiar

de Grill

gril

de Füerstell

ohnisko

dat Sniedbrett

doska na krájanie

dat Nudelholt

valček na cesto

de Proppentrecker

vývrtka

de Doos

konzerva

de Dosenaapner

otvárač na konzervy

de Pottlappen

chňapka

dat Waschbecken

výlevka

de Böst

kefa

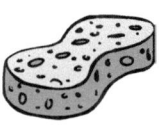

de Swamm

hubka

de Mixer

mixér

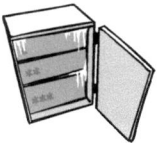

dat Iesschapp

mraznička

de Nuckelbuddel

kojenecká fľaša

de Waterhahn

vodovodný kohútik

de Baadstuuv

kúpeľňa

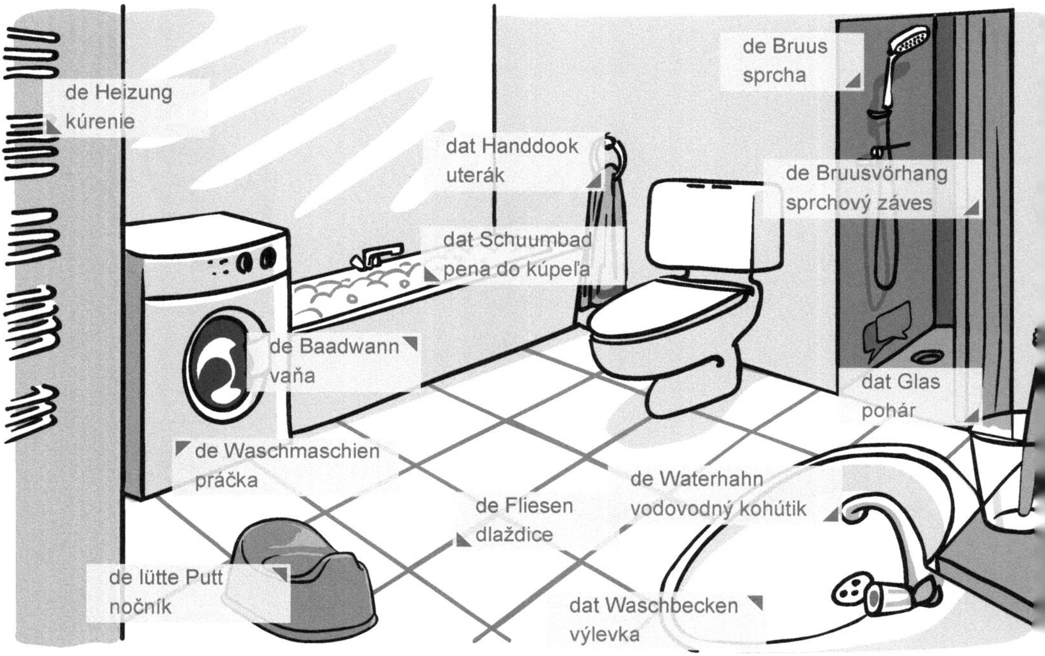

de Heizung
kúrenie

de Bruus
sprcha

dat Handdook
uterák

de Bruusvörhang
sprchový záves

dat Schuumbad
pena do kúpeľa

de Baadwann
vaňa

dat Glas
pohár

de Waschmaschien
práčka

de Waterhahn
vodovodný kohútik

de Fliesen
dlaždice

de lütte Putt
nočník

dat Waschbecken
výlevka

de Tante Meier

záchod

de Hockklo

suchý záchod

dat Bidet

bidet

dat Miegbecken

pisoár

dat Klopapeer

toaletný papier

de Kloböst

záchodová kefa

de Tähnböst

zubná kefka

de Tähnpast

zubná pasta

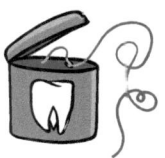

de Tähnsied

dentálna niť

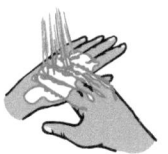

waschen

umývať

de Handbruus

ručná sprcha

de Intimbruus

sprcha pre intímnu hygienu

de Waschschöttel

umývadlo

de Rüchböst

kefa na chrbát

de Seep

mydlo

dat Bruusgeel

sprchový gél

dat Hoorwaschmiddel

šampón

de Waschlappen

frotírová rukavica

de Afloop

odtok

de Creme

krém

dat Deodorant

dezodorant

de Spegel

zrkadlo

de Kosmetikspegel

kozmetické zrkadlo

de Raserer

žiletka

de Raseerschuum

pena na holenie

dat Raseerwater

voda po holení

de Kamm

hrebeň

de Böst

kefa

de Hoordröger

sušič vlasov

dat Hoorspray

sprej na vlasy

de Smink

make-up

de Lippensticken

rúž

de Nagellack

lak na nechty

de Watt

vata

de Nagelscheer

nožnice na nechty

dat Rüükwater

parfum

de Kulturbüdel

kozmetická taška

de Schemel

stolček

de Waag

váha

de Baadmantel

kúpací plášť

de Gummihanschen

gumové rukavice

de Tampon

tampón

de Damenbinn

menštruačná vložka

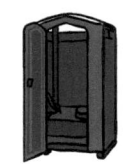

dat Chemieklo

chemické WC

de Kinnerstuuv
detská izba

de Wecker
budík
dat Knudeldeert
plyšová hračka
dat Speeltüüchauto
hračkárske auto
de Klöter
hrkálka
dat Poppenhuus
domček pre bábiky
dat Geschenk
dar

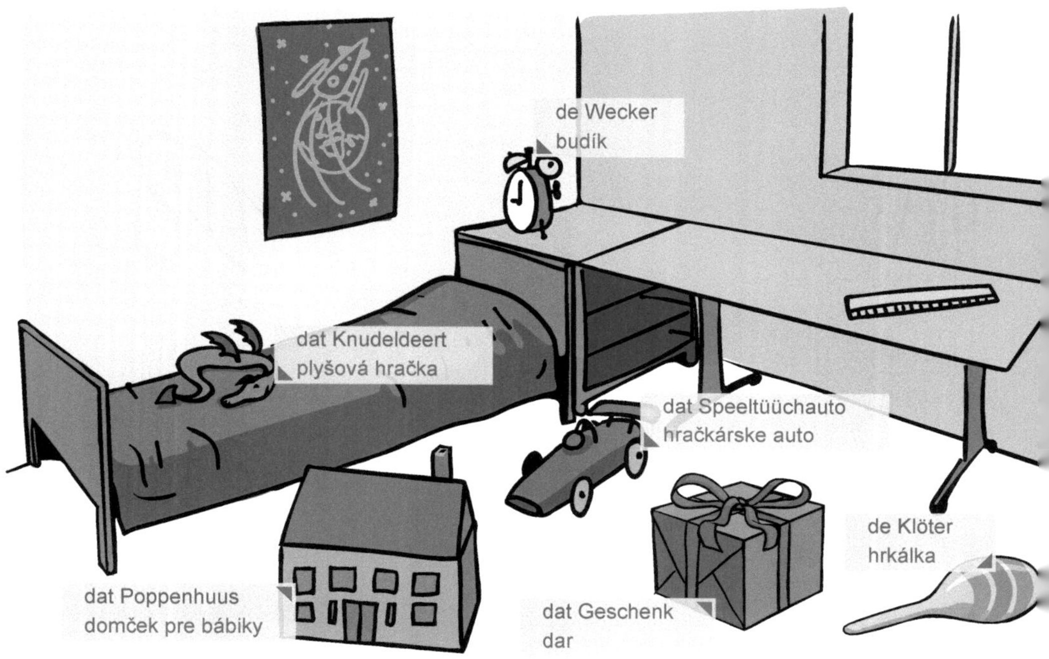

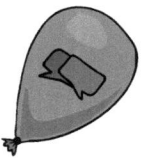

de Luftballon

balón

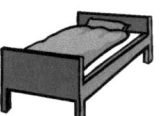

de Puuch

posteľ

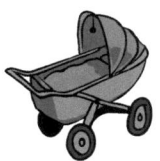

de Kinnerwagen

detský kočík

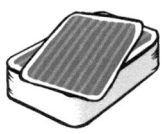

dat Koortenspeel

karty

dat Puzzle

puzzle

SUPER
MEGA

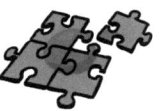

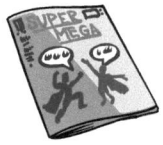

de Billergeschicht

komix

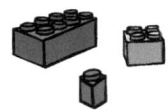

de Legostenen

skladačka lego

de Bustenen

stavebnica

de Action-Figur

akčná postavička

de Strampelantog

dupačky

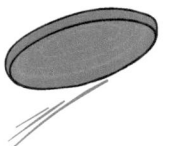

de Frisbeeschiev

lietajúci tanier

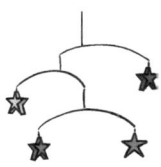

dat Mobile

závesné hračky

dat Brettspeel

stolová hra

de Wörpel

kocka

de Modelliesenbahn

modelový vláčik

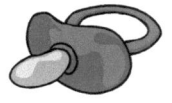

de Snuller

cumlík

de Party

párty

dat Billerbook

obrázková kniha

de Ball

lopta

de Popp

bábika

spelen

hrať sa

de Sandkassen

pieskovisko

de Schuckel

hojdačka

dat Speeltüüch

hračky

de Speelkonsool

hracia konzola

dat Dreerad

trojkolka

de Teddyboor

medvedík

dat Klederschapp

šatník

dat Tüüch

šatstvo

de Socken

ponožky

de Strümp

pančuchy

de Strumpbüx

pančuchové nohavičky

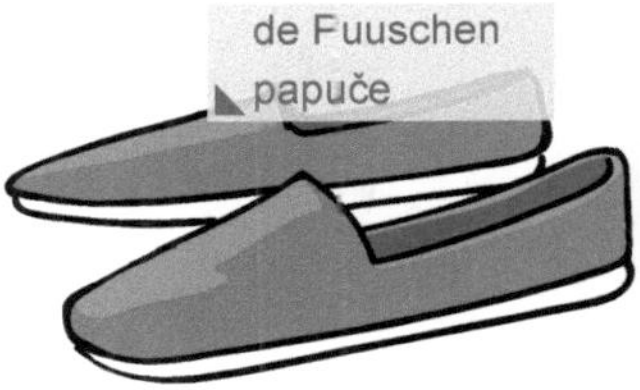

dat Halsdook
šál

de Paraplü
dáždnik

dat T-Shirt
tričko

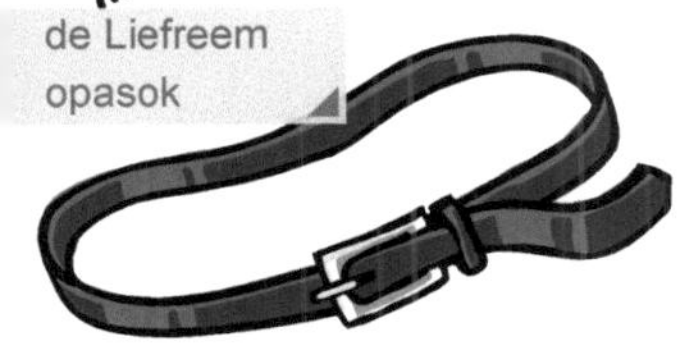

de Liefreem
opasok

de Stevel
čižmy

de Fuuschen
papuče

de Turnschoh
tenisky

de Sandalen

sandále

de Schoh

topánky

de Gummistevel

gumáky

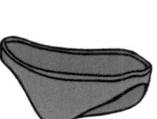

de Ünnerbüx

spodky

de Bostholler

podprsenka

dat Ünnerhemd

tielko

de Lief

body

de Büx

nohavice

de Jeansnüx

džínsy

de Rock

sukňa

de Bluus

blúzka

dat Hemd

košeľa

de Pullover

pulóver

de Kapuzenpullover

sveter

de Blazer

blejzer

de Jack

bunda

de Mantel

kabát

de Övertrecker

pršiplášť

dat Kostüm

kostým

dat Kleed

šaty

dat Hochtietskleed

svadobné šaty

de Antog

oblek

dat Nachtkleed

nočná košeľa

de Slaapantcg

pyžamo

de Sari

sari

dat Koppdook

šatka na hlavu

de Turban

turban

de Burka

burka

de Kaftan

kaftan

de Abaya

abaja

de Baadantog

dvojdielne plavky

de Baadbüx

plavky

de Korte Büx

šortky

de Antog to'n Öven

tepláková súprava

de Schört

zástera

de Handschch

rukav ce

de Knopp

gombík

de Brill

okuliare

dat Armband

náramok

de Halskeed

retiazka

de Ring

prsteň

de Ohrbummel

náušnica

de Mütz

čiapka

de Klederbögel

vešiak

de Hoot

klobúk

de Binner

kravata

de Rietslüter

zips

de Helm

prilba

dat Drachtband

traky

de Schooluniform

školská uniforma

de Uniform

uniforma

de Severböten
....
podbradník

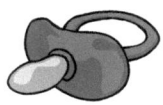

de Snuller
....
cumlík

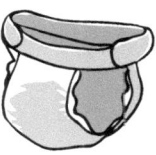

de Winnel
....
plienka

dat Büro
kancelária

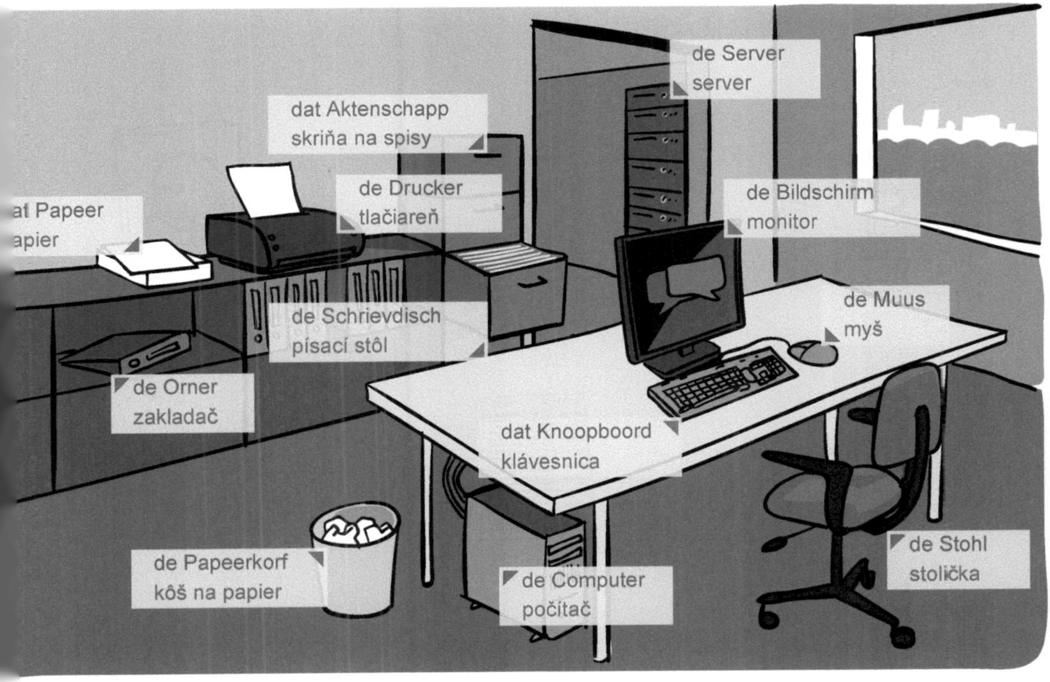

de Koffiebeker
....
hrnček na kávu

de Taschenreekner
....
kalkulačka

dat Internet
....
internet

de Server
server

dat Aktenschapp
skriňa na spisy

de Drucker
tlačiareň

de Bildschirm
monitor

at Papeer
apier

de Schrievdisch
písací stôl

de Muus
myš

de Orner
zakladač

dat Knoopboord
klávesnica

de Papeerkorf
kôš na papier

de Computer
počítač

de Stohl
stolička

de Klappreekner

laptop

de Breef

list

de Naricht

správa

de Ackersnacker

mobil

dat Nettwark

sieť

de Kopeerapparat

kopírka

de Software

softvér

de Klöönkassen

telefón

de Steekdoos

elektrická zásuvka

de Faxapparat

fax

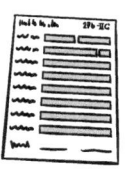

dat Formulor

formulár

dat Dokument

doklad

dat Büro - kancelária

köpen

kúpiť

betahlen

platiť

hanneln

obchodovat

dat Geld

peniaze

USD

de Dollar

dolár

EUR

de Euro

euro

JPY

de Yen

jen

RUB

de Ruvel

rubeľ

CHF

de Swiezer Franken

švajčiarsky frank

CNY

de Renminbi Yuan

čínsky jüan

INR

de Rupie

rupia

de Geldautomat

bankomat

de Wesselstuuv

zmenáreň

dat Gold

zlato

dat Sülver

striebro

dat Ööl

ropa

de Energie

energia

de Pries

cena

de Verdrag

zmluva

de Stüer

daň

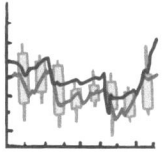

de Andeelschien

akcia

arbeiden

pracovať

de Anstellte

zamestnanec

de Arbeitgever

zamestnávateľ

de Fabrik

továreň

de Hökerie

obchod

de Profeschonen
povolania

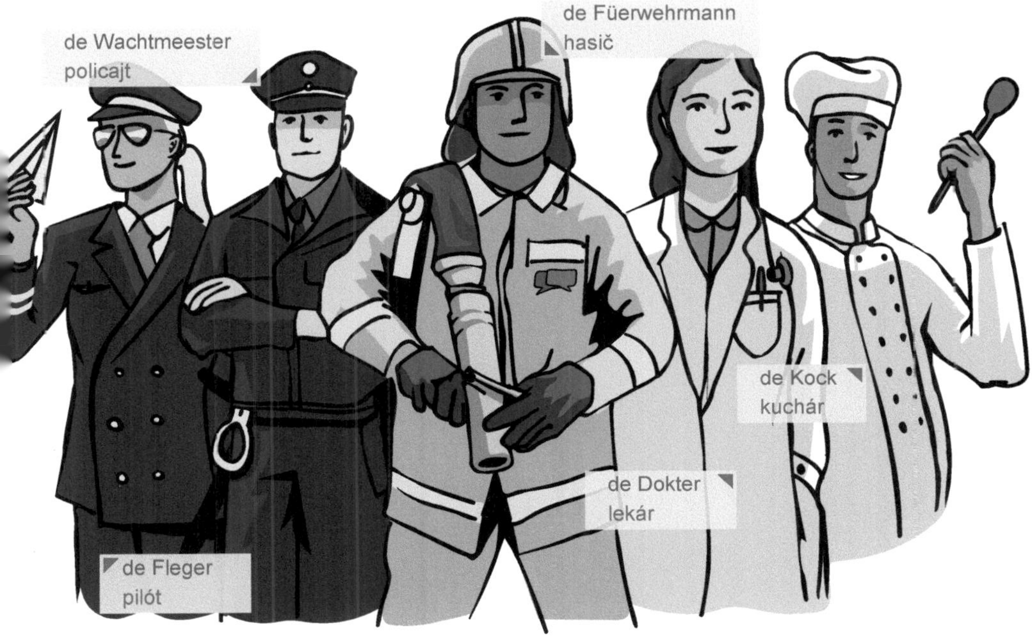
de Wachtmeester
policajt
de Füerwehrmann
hasič
de Kock
kuchár
de Dokter
lekár
de Fleger
pilót

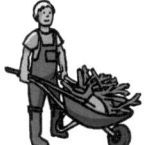

de Goorner

záhradník

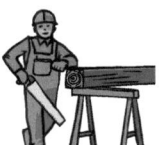

de Discher

stolár

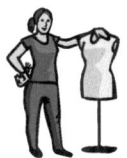

de Neihersche

krajčírka

de Richter

sudca

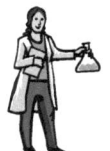

de Chemiker

chemik

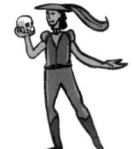

de Schauspeler

herec

de Busfohrer

vodič autobusu

de Taxifohrer

taxikár

de Fischer

rybár

de Reinmaakfru

upratovačka

de Dackdecker

pokrývač

de Kellner

čašník

de Jäger

poľovník

de Maler

maliar

de Bäcker

pekár

de Elektriker

elektrikár

de Buarbeider

stavebný robotník

de Ingenieur

inžinier

de Slachter

mäsiar

de Klempner

klampiar

de Postbüdel

poštár

de Suldat

vojak

de Architekt

architekt

de Kasserer

pokladník

de Florist

kvetinár

de Putzbüdel

kaderník

de Schaffner

sprievodca

de Mechaniker

mechanik

de Kaptein

kapitán

de Tähndokter

zubár

de Wetenschopler

vedec

de Rabbi

rabín

de Imam

imám

de Mönk

mních

de Paap

farár

de Profeschonen - povolania

dat Warktüüch
náradie

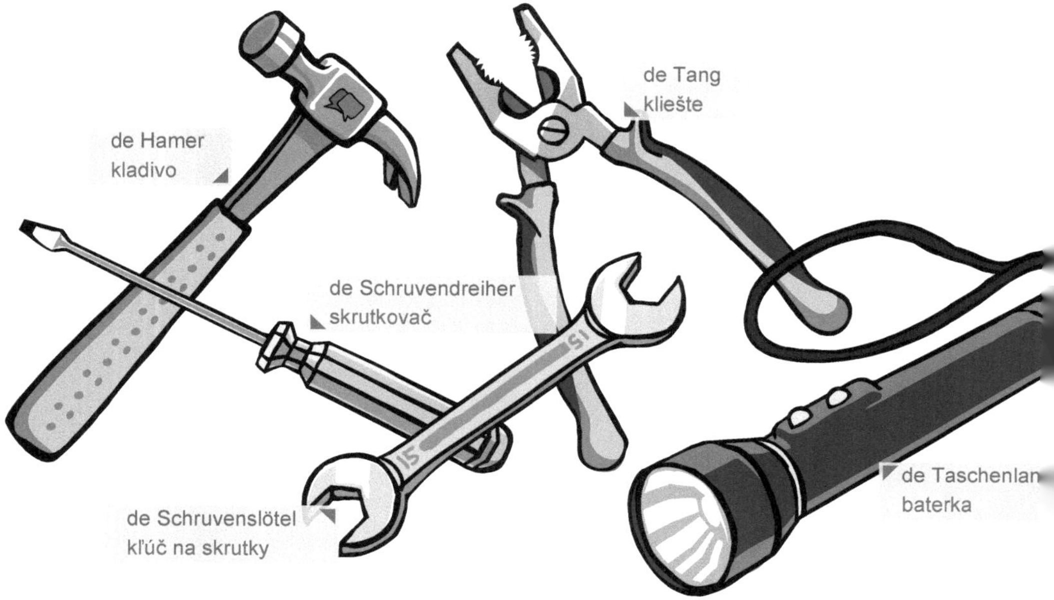
de Hamer
kladivo
de Tang
kliešte
de Schruvendreiher
skrutkovač
de Schruvenslötel
kľúč na skrutky
de Taschenlan
baterka

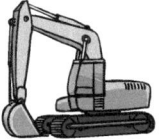

de Grieper
bager

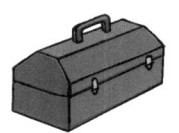

de Warktüüchkassen
súprava náradia

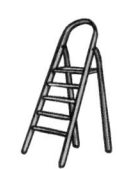

de Ledder
rebrík

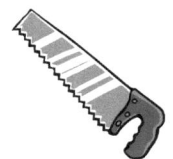

de Saag
pílka

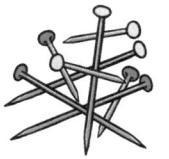

de Nagels
klince

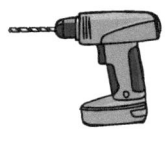

de Bohrer
vrták

heelmaken

opraviť

de Schüffel

lopata

Schiət!

Do čerta!

dat Kehrblick

lopatka na smeti

de Farvpott

nádoba s farbou

de Schruven

skrutky

de Musikinstrumenten
hudobné nástroje

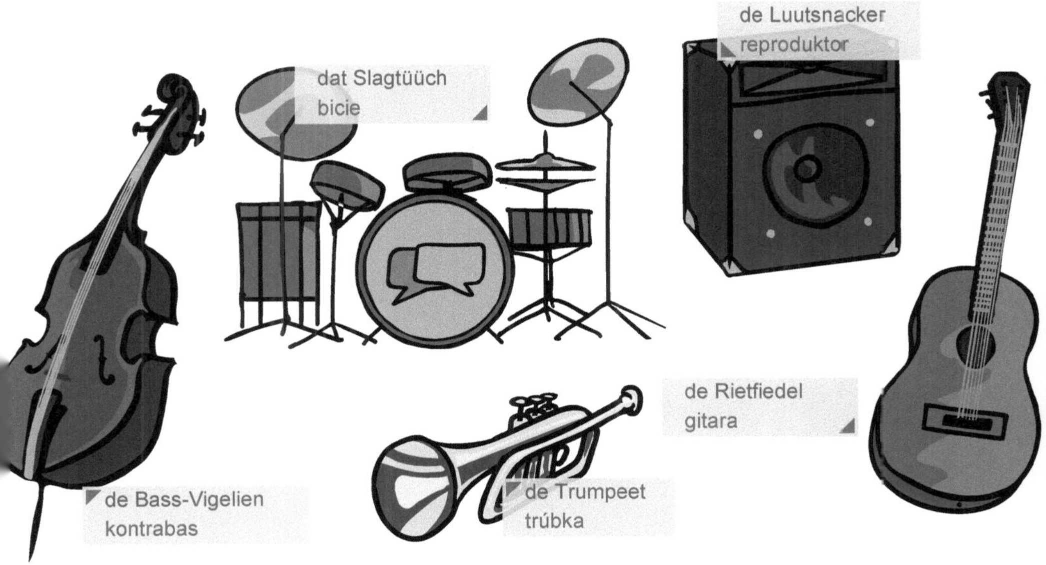

dat Slagtüüch
bicie

de Luutsnacker
reproduktor

de Rietfiedel
gitara

de Bass-Vigelien
kontrabas

de Trumpeet
trúbka

dat Klaveer

klavír

de Vigelien

husle

de Bass

basa

de Pauk

tympany

de Trummeln

bubon

dat Keyboard

klávesnica

dat Saxophon

saxofón

de Fleut

flauta

dat Mikrofoon

mikrofón

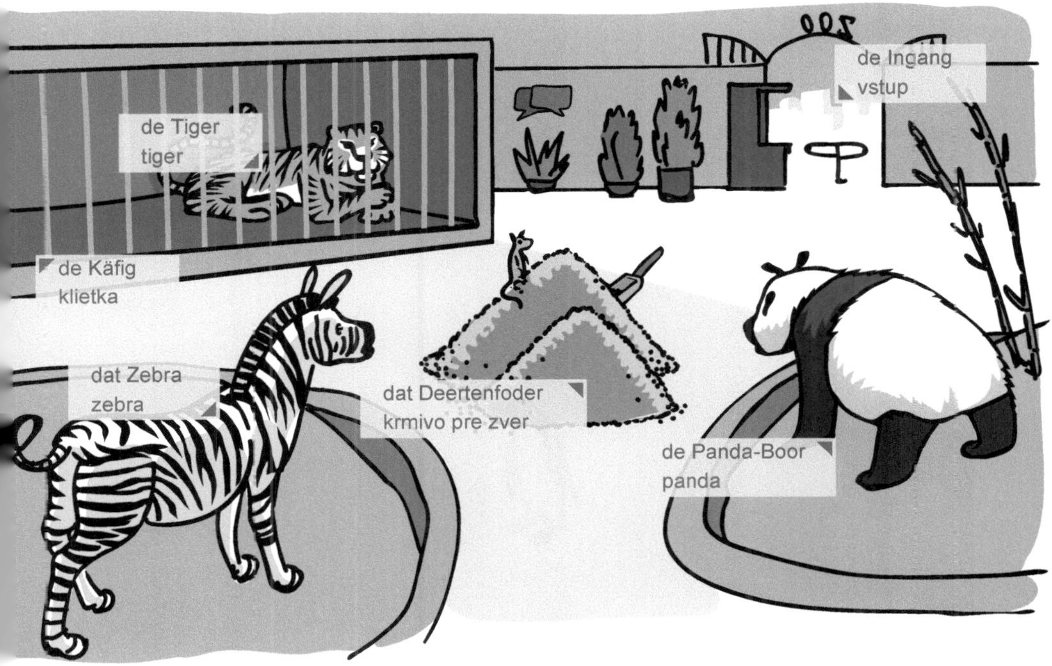

de Tiger
tiger

de Ingang
vstup

de Käfig
klietka

dat Zebra
zebra

dat Deertenfoder
krmivo pre zver

de Panda-Boor
panda

de Deerten
zvieratá

de Elefant
slon

dat Känguru
klokan

dat Neeshoorn
nosorožec

de Gorilla
gorila

de Boor
medveď

dat Kameel

ťava

de Struuß

pštros

de Lööv

lev

de Aap

opica

de Flamingo

plameniak

de Papagoi

papagáj

de Iesboor

ľadový medveď

de Pinguin

tučniak

de Haifisch

žralok

de Pageluun

páv

de Slang

had

dat Krokodil

krokodíl

de Oppasser in'n
Deertenpark
ošetrovateľ v ZOO

de Saalhund

tuleň

de Jaguor

jaguár

dat Pony

poník

de Leopard

leopard

dat Nilpeerd

hroch

de Giraff

žirafa

de Aadler

orol

dat Wildswien

diviak

de Fisch

ryba

de Schildkrööt

korytnačka

dat Walross

mrož

de Voss

líška

de Gazell

gazela

de Sport
šport

de Amerikaansch Football
americký futbal

dat Radfohren
cyklistika

dat Tennis
tenis

de Korfball
basketbal

dat Swümmen
plávanie

dat Boxen
box

dat Ieshockey
hokej

de Football
futbal

dat Fedderball
bedminton

de Leichtathletik
ľahká atletika

de Handball
hádzaná

dat Skilopen
lyžovanie

dat Polo
pólo

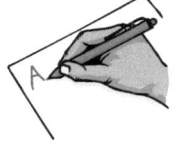

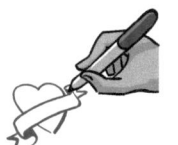

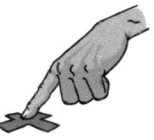

de Aktivitäten
aktivity

lachen
smiať sa
springen
skočiť
ümarmen
objať
gahn
chodiť
singen
spievať
drömen
snívať
beden
modliť sa
snuteln
pobozkať

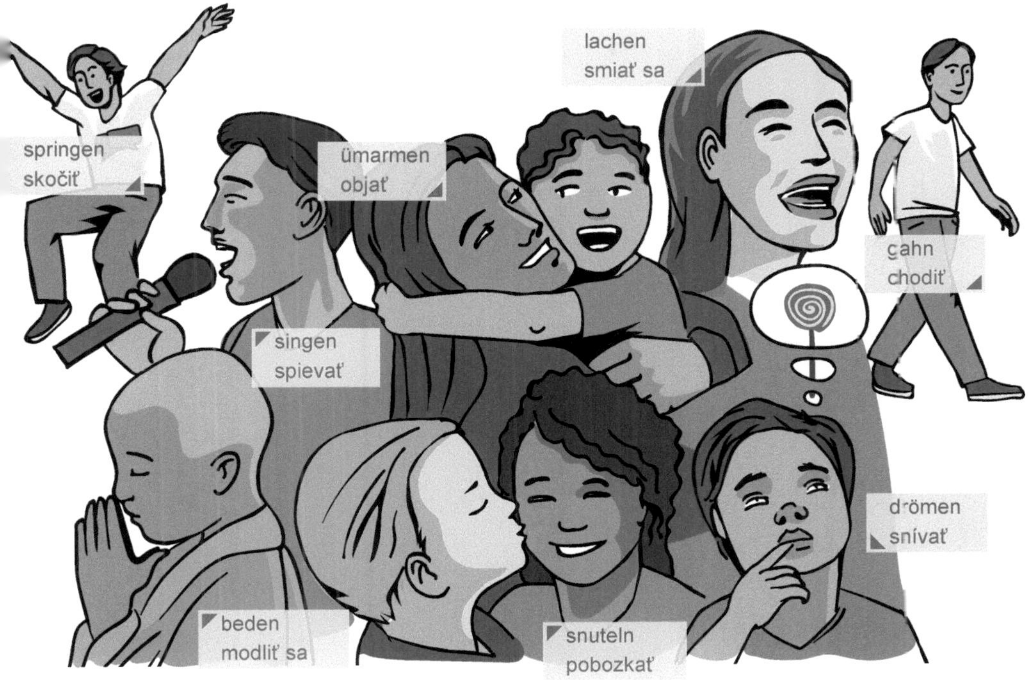

schrieven

písať

teken

kresliť

wieser

ukázat

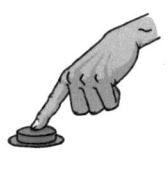

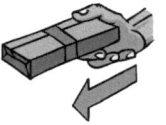

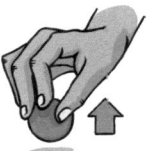

drücken

tlačiť

geven

dať

nehmen

brať

hebben

mať

doon

robiť

sien

byť

stahn

stáť

lopen

bežať

trecken

ťahať

smieten

hádzať

fallen

padnúť

liggen

ležať

töven

čakať

dregen

nosiť

sitten

sedieť

antrecken

obliecť sa

slapen

spať

opwaken

zobudiť sa

ankieken

pozerať

wenen

plakať

eien

hladkať

kämmen

česať

snacken

hovoriť

verstahn

rozumieť

fragen

pýtať sa

hören

počuť

drinken

piť

eten

jesť

oprümen

upratať

leefhebben

milovať

kaken

variť

fohren

jazdiť

flegen

letieť

segeln

plachtiť

reken

počítať

lesen

čítať

lehren

učiť sa

arbeiden

pracovať

de Plünnen tohoopsmieten

oženiť

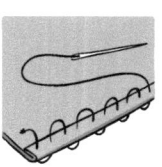

neihen

šiť

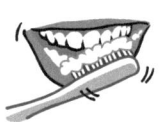

Tähnen putzen

čistiť zuby

dootmaken

zabiť

smöken

fajčiť

schicken

poslať

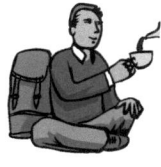

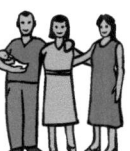

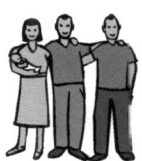

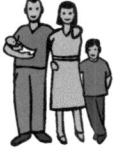

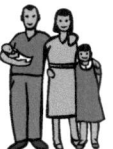

de Familje
rodina

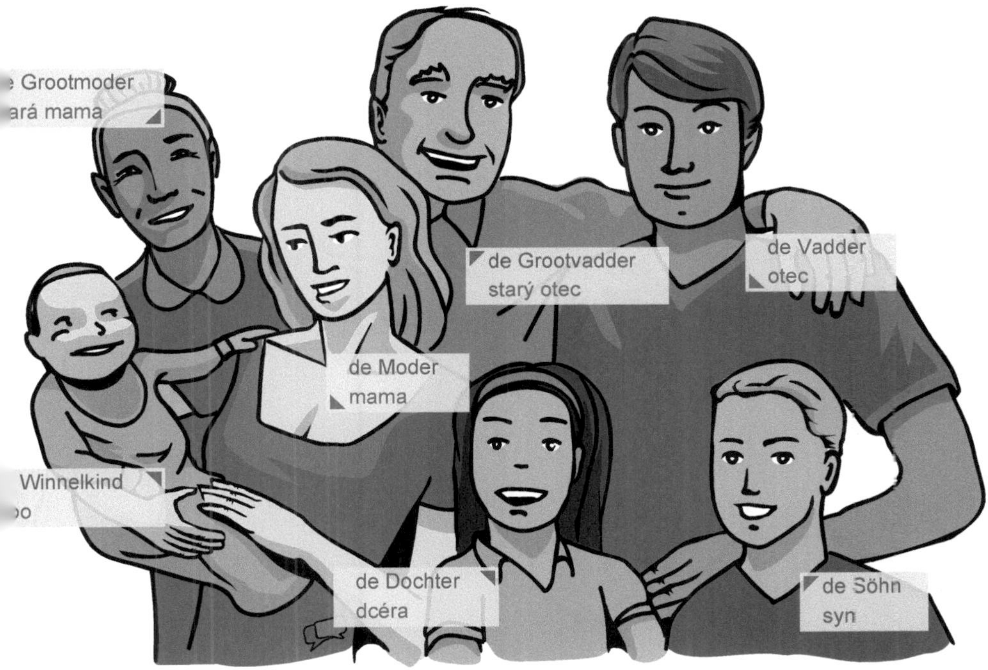
Grootmoder
ará mama
de Grootvadder
starý otec
de Vadder
otec
de Moder
mama
Winnelkind
de Dochter
dcéra
de Söhn
syn

de Gast

hosť

de Tant

teta

de Unkel

strýko

de Broder

brat

de Süster

sestra

de Lief
telo

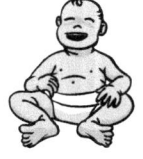

de Vörkopp
čelo
dat Oog
oko
de Schuller
plece
de Finger
prst
dat Gesicht
tvár
dat Kinn
brada
de Hand
ruka
dat Been
noha
de Bost
hruď
de Arm
rameno

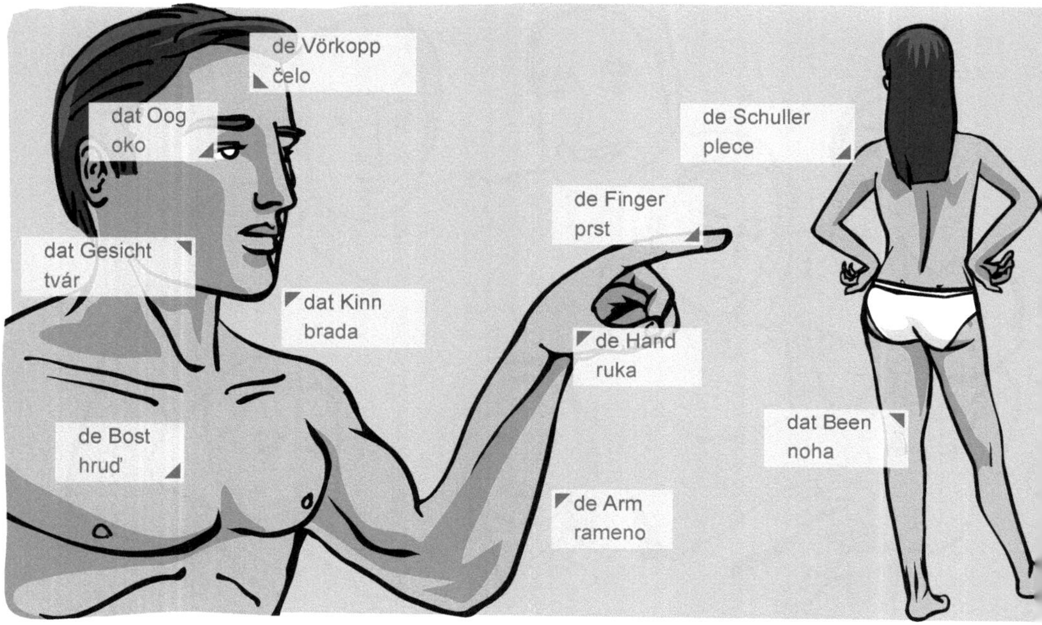

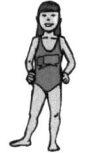

dat Winnelkind
bábo

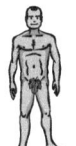

de Mann
muž

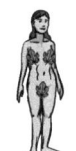

de Fro
žena

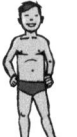

de Deern
dievča

de Jung
chlapec

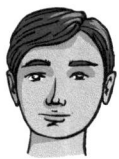

de Arm
hlava

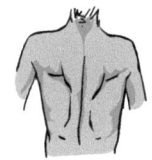

de Rüch

chrbát

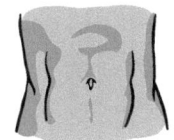

de Buuk

brucho

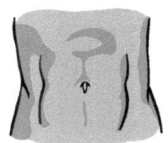

de Navel

pupok

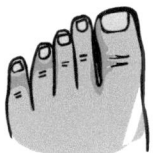

de Teh

prst na nohe

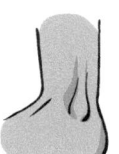

de Hack

päta

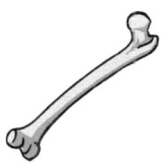

de Knaken

kosť

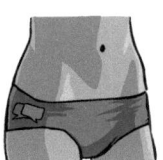

de Hüft

bok

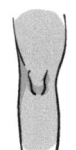

dat Knee

koleno

de Ellbagen

lakeť

de Nees

nos

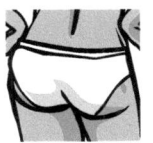

de Achtersen

zadok

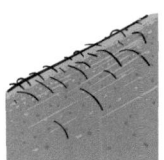

de Huut

koža

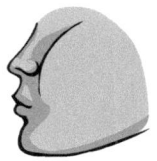

de Back

líce

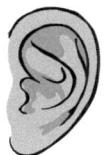

dat Ohr

ucho

de Lipp

pery

de Mund

ústa

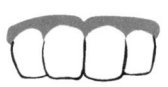

de Tähn

zub

de Tung

jazyk

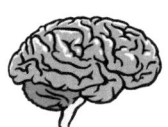

de Bregen

mozog

dat Hart

srdce

de Muskel

svaly

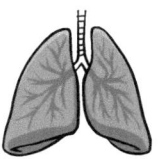

de Lung

pľúca

de Lever

pečeň

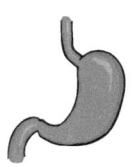

de Maag

žalúdok

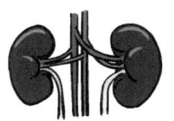

de Neren

obličky

de Bislaap

pohlavný styk

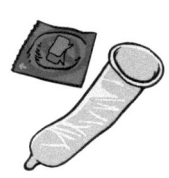

dat Kondoom

kondóm

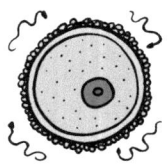

de Eizell

vaječná bunka

dat Sperma

semeno

de Anner Ümstänn

tehotenstvo

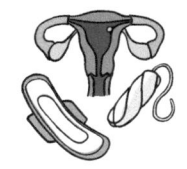

de Menstruatschoon

menštruácia

de Scheed

vagína

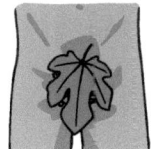

de Pint

penis

de Ogenbroe

obočie

dat Hoor

vlasy

de Hals

krk

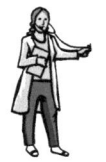

dat Krankenhuus
nemocnica

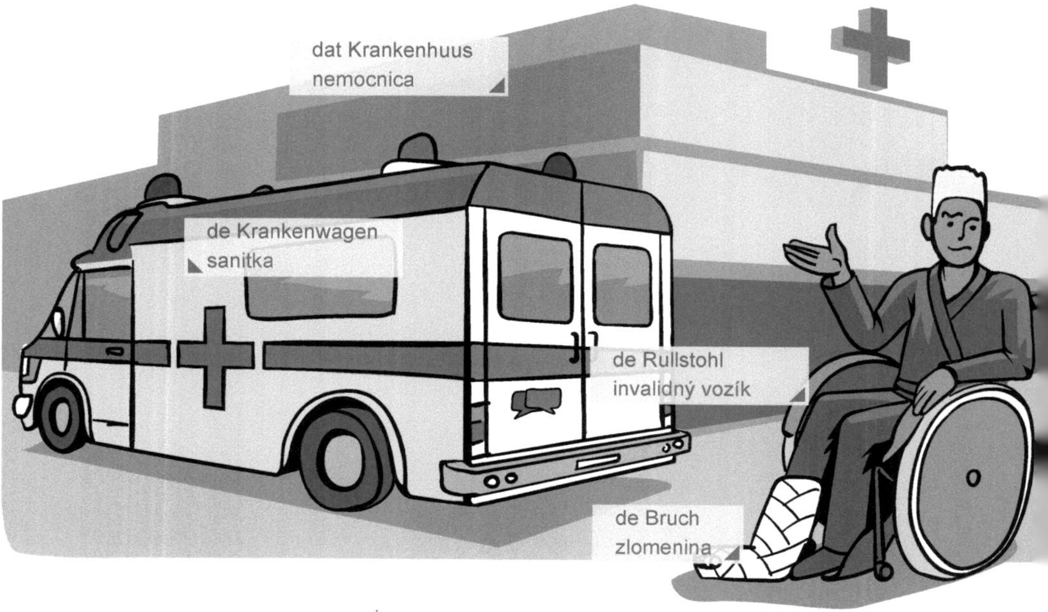

dat Krankenhuus
nemocnica
de Krankenwagen
sanitka
de Rullstohl
invalidný vozík
de Bruch
zlomenina

de Dokter
lekár

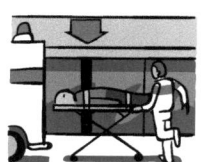

de Nootopnahm
urgentný príjem

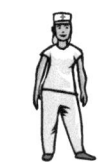

de Krankensüster
sestrička

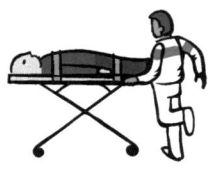

de Nootfall
urgentný prípad

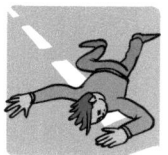

ahnmächtig
v bezvedomí

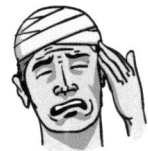

de Wehdaag
bolesť

de Verwunnen

zranenie

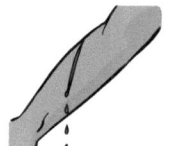

de Blöden

krvácanie

de Hartinfarkt

srdcový infarkt

de Slaganfall

mozgová porážka

de Allergie

alergia

de Hoosten

kašeľ

dat Fever

teplota

de Gripp

chrípka

de Dörchfall

hnačka

de Koppwehdaag

bolesť hlavy

de Kreeft

rakovina

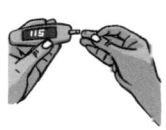

de Zuckersüük

cukrovka

de Chirurg

chirurg

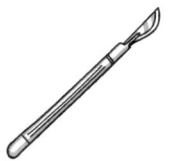

dat Chirurgsch Mess

skalpel

de Operatschoon

operácia

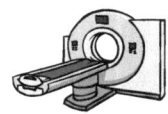

dat CT

CT

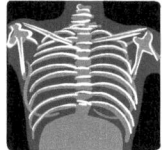

de Dörchlüchten

RTG

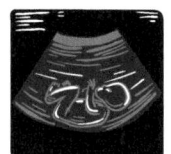

de Ultraschall

ultrazvuk

de Mask

maska

de Krankheit

choroba

de Töövruum

čakáreň

de Krück

barla

dat Plaaster

náplasť

de Verband

obväz

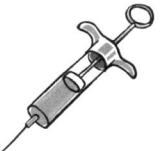

de Insprütten

injekcia

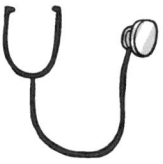

dat Stethoskop

fonendoskop

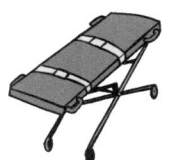

de Draag

nosidlá

dat Feverthermometer

teplomer

de Geboort

pôrod

dat Övergewicht

nadváha

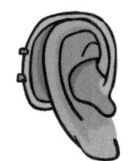

de Höörapparat

audiofón

dat Kiemfriemiddel

dezinfekčný prostriedok

de Ansteken

infekcia

de Virus

vírus

dat HIV / AIDS

HIV / AIDS

dat Heelmiddel

medicína

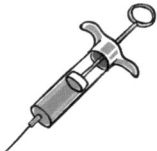

de Impen

očkovanie

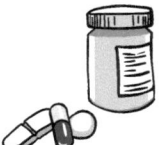

de Tabletten

tabletky

de Pill

antikoncepčná pilulka

de Nootroop

tiesňové volanie

de Blootdruck-Meter

tlakomer

krank / gesund

chorý / zdravý

Hölp!

Pomoc!

de Alarm

alarm

de Överfall

prepad

de Angreep

útok

de Gefohr

nebezpečenstvo

de Nootutgang

núdzový východ

dat Füer!

Horí!

de Füerlöscher

hasičský prístroj

de Unfall

nehoda

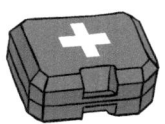

de Noothölpkoffer

kufrík prvej pomoci

SOS

SOS

de Polizei

polícia

Europa

Európa

Noordamerika

Severná Amerika

Süüdamerika

Južná Amerika

Afrika

Afrika

Asien

Ázia

Australien

Austrália

de Atlantik

Atlantický oceán

de Pazifik

Tichý oceán

dat Indisch Weltmeer

Indický oceán

at Antarktisch Weltmeer

Južný oceán

dat Arktisch Weltmeer

Severný ľadový oceán

de Noordpol

Severný pól

de Süüdpol

Južný pól

de Antarktis

Antarktída

de Eerd

Zem

dat Land

krajina

de See

more

dat Eiland

ostrov

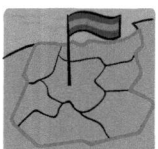

de Natschoon

národ

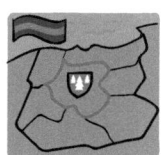

de Staat

štát

dat Tallenblatt

ciferník

de Stunnenwieser

hodinová ručička

de Minuterwieser

minútová ručička

de Sekunnenwieser

sekundová ručička

Wo laat is dat?

Koľko je hodín?

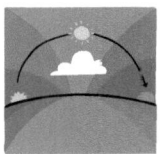

de Dag

deň

de Tiet

čas

nu

teraz

de digetaalsch Klock

digitálne hodiny

de Minuut

minúta

de Stunn

hodina

de Week
týždeň

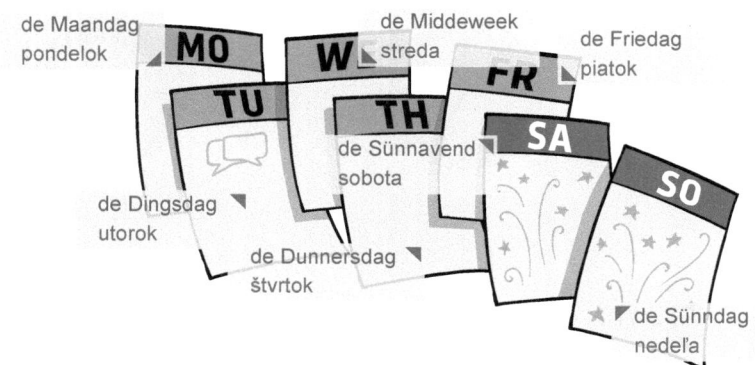

de Maandag / pondelok
de Middeweek / streda
de Friedag / piatok
de Dingsdag / utorok
de Sünnavend / sobota
de Dunnersdag / štvrtok
de Sünndag / nedeľa

güstern

včera

hüüt

dnes

morgen

zajtra

de Morgen

ráno

de Meddag

poludnie

de Avend

večer

de Arbeitsdaag

pracovné dni

dat Wekenenn

víkend

dat Johr
rok

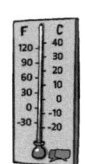

de Regen
dážď
de Regenbagen
dúha
de Wind
vietor
de Snee
sneh
dat Fröhjohr
jar
de Sommer
leto
de Harvst
jeseň
de Winter
zima

4.APRIL 11°
5.APRIL 4°
6.APRIL 13°
7.APRIL 8°
8.APRIL 10°

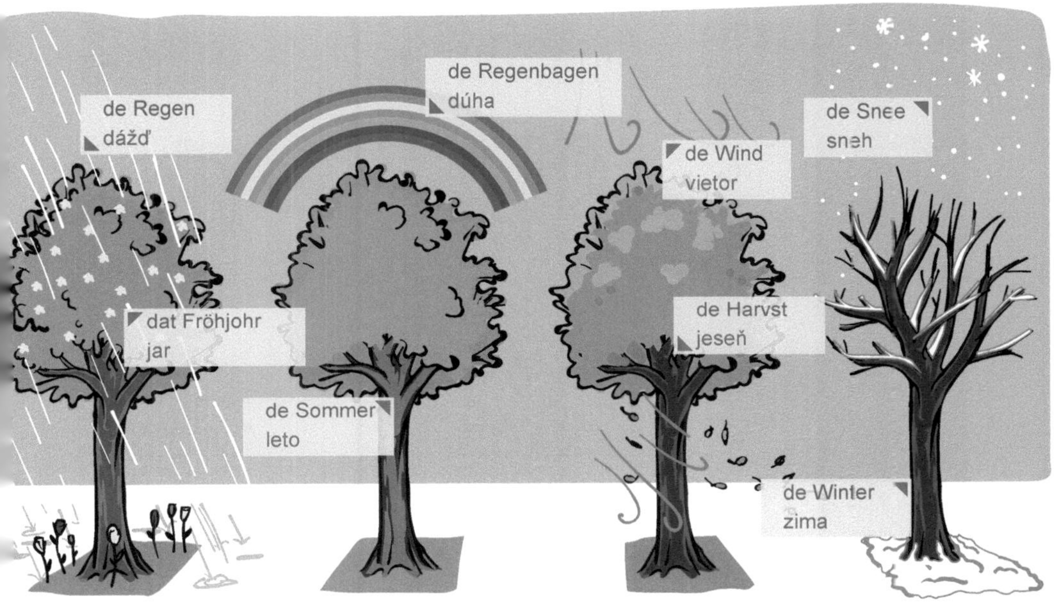

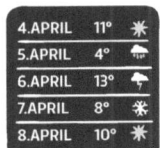

de Wedervörhersaag

predpoveď počasia

F C
120 40
90 30
60 20
30 10
0 0
-30 -10
-20

dat Thermometer

teplomer

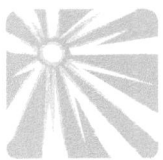

de Sünnenschien

slnečný svit

de Wulk

oblak

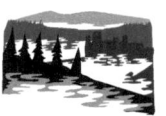

de Nevel

hmla

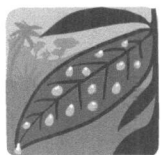

de Luftfuchtigkeit

vlhkosť vzduchu

de Blitz

blesk

de Dunner

hrom

de Storm

búrka

de Hagel

krúpy

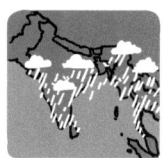

de Monsun

monzún

de Floot

záplava

dat Ies

ľad

de Januormaand

január

de Februormaand

február

de Martmaand

marec

de Aprilmaand

apríl

de Maimaand

máj

de Junimaand

jún

de Julimaand

júl

de Augustmaand

august

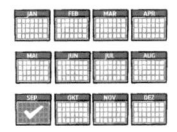

de Septembermaand

september

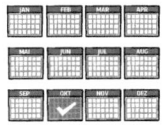

de Oktobermaand

október

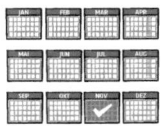

de Novembermaand

november

de Dezembermaand

december

de Formen
tvary

de Krink

kruh

dat Quadrat

štvorec

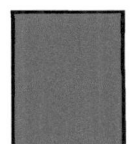

dat Rechteck

obdĺžnik

dat Dreeeck

trojuholník

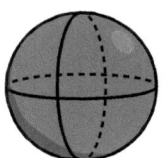

de Kugel

guľa

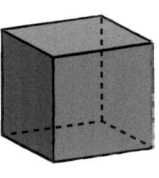

de Wörpel

kocka

witt

biela

geel

žltá

orangsch

oranžová

pink

ružová

root

červená

lila

fialová

blau

modrá

gröön

zelená

bruun

hnedá

gries

šedá

swart

čierna

veel / wenig

veľa / málo

böös / verdreeglich

zúrivý / pokojný

smuck / mies

pekný / škaredý

de Begünn / dat Enn

začiatok / koniec

groot / lütt

veľký / malý

hell / düüstər

svetlý / tmavý

de Broder / de Süster

brat / sestra

schier / schietig

čistý / špinavý

kumpleet / nich kumpleet

úplný / neúplný

de Dag / de Nacht

deň / noc

doot / lebennig

mŕtvy / živý

breet / small

široký / úzky

geneetbor / nich geneetbor

chutný / nechutný

böös / fründlich

zlostný / láskavý

fickerig / langwielt

vzrušený / unudený

dick / dünn

tlstý / chudý

toeerst / toletzt

prvý / posledný

de Fründ / de Fiend

priateľ / nepriateľ

vull / leddig

plný / prázdny

hart / week

tvrdý / mäkký

swoor / licht

ťažký / ľahký

de Smacht / de Döst

hlad / smäd

krank / gesund

chorý / zdravý

nich na't Recht / na't Recht

nelegálny / legálny

klook / dummerhaftig

inteligentný / hlúpy

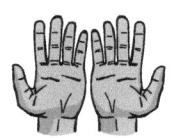

linkerhand / rechterhand

vľavo / vpravo

neeg / feern

blízko / ďaleko

nieg / bruukt

nový / použitý

nix / wat

nič / niečo

oolt / jung

starý / mladý

an / ut

zapnuté / vypnuté

apen / slaten

otvorené / zatvorené

lies / luut

tichý / hlasný

riek / arm

bohatý / chudobný

richtig / verkehrt

správne / nesprávne

ruug / glatt

drsný / hladký

trurig / glücklich

smutný / šťastný

kort / lang

krátky / dlhý

suutje / flink

pomaly / rýchlo

natt / dröög

mokrý / suchý

warm / köhl

teplý / studený

de Krieg / de Freden

vojna / mier

de Tallen
čísla

0
null
nula

1
een
jeden

2
twee
dva

3
dree
tri

4
veer
štyri

5
fief
päť

6
söss
šesť

7
söven
sedem

8
acht
osem

9
negen
deväť

10
teihn
desať

11
ölven
jedenásť

12

twölf
dvanásť

13

dörteihn
trinásť

14

veerteihn
štrnásť

15

föffteihn
pätnásť

16

sössteihn
šestnásť

17

söventeihn
sedemnásť

18

achtteihn
osemnásť

19

negenteihn
devätnásť

20

twintig
dvadsať

100

hunnert
sto

1.000

dusend
tisíc

1.000.000

million
milión

dat Engelsch

angličtina

dat Amerikaansch Engelsch

americká angličtina

dat Chineesch Mandarin

mandarínska čínština

dat Hindi

hindčina

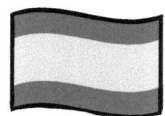

dat Spaansch

španielčina

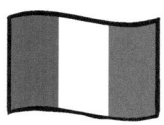

dat Franzöösch

francúzština

dat Araabsch

arabčina

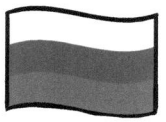

dat Rusch

ruština

dat Portugiesch

portugalčina

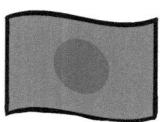

dat Bengaalsch

bengálčina

dat Düütsch

nemčina

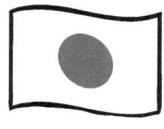

dat Japaansch

japončina

ik
ja

du
ty

he / se / dat
on/ona/ono

wi
my

ji
vy

se
oni

keen?
kto?

wat?
čo?

woans?
ako?

woneem?
kde?

wannehr?
kedy?

de Naam
meno

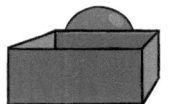

achter

za

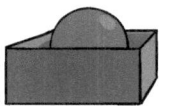

in

v

vör

pred

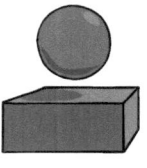

över

nad

op

na

ünner

pod

blangen

vedľa

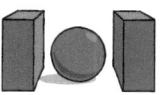

twüschen

medzi

de Oort

miesto